Conectados a pesar de la distancia social

Grace Hansen

Abdo
EL CORONAVIRUS
Kids

Abdo Kids Jumbo es una subdivisión de Abdo Kids
abdobooks.com

abdobooks.com

Published by Abdo Kids, a division of ABDO, P.O. Box 398166, Minneapolis, Minnesota 55439.

Printed in the United States of America, North Mankato, Minnesota.

102020

012021

THIS BOOK CONTAINS
RECYCLED MATERIALS

Spanish Translator: Maria Puchol

Photo Credits: AP Images, iStock, Shutterstock, ©Shutterstock PREMIER p.11

Production Contributors: Teddy Borth, Jennie Forsberg, Grace Hansen
Design Contributors: Dorothy Toth, Pakou Moua

Library of Congress Control Number: 2020948171

Publisher's Cataloging-in-Publication Data

Names: Hansen, Grace, author.

Title: Conectados a pesar de la distancia social/ by Grace Hansen

Other title: Staying connected while social distancing. Spanish

Description: Minneapolis, Minnesota: Abdo Kids, 2021. | Series: El Coronavirus | Includes online resources and index

Identifiers: ISBN 9781098208707 (lib.bdg.) | ISBN 9781098208844 (ebook)

Subjects: LCSH: Social distance--Juvenile literature. | Interpersonal relations--Juvenile literature. | Social media--Juvenile literature. | Videoconferencing--Juvenile literature. | Emotional health--Juvenile literature. | Epidemics--Juvenile literature. | Spanish language materials--Juvenile literature.

Classification: DDC 302.2310--dc23

Contenido

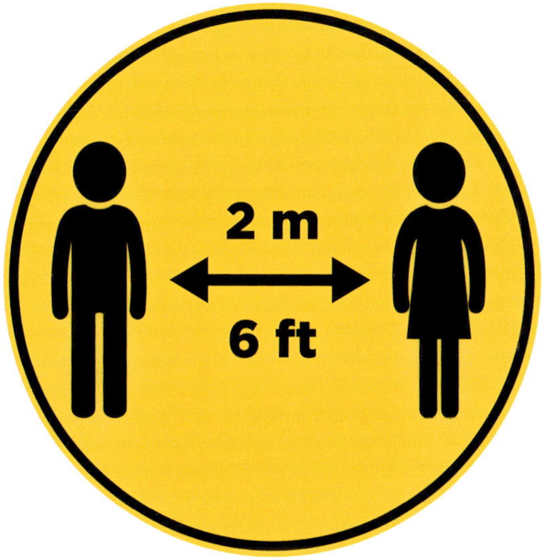

La COVID-19

Cuando la **COVID-19** empezó a propagarse por Estados Unidos, comenzaron a usarse nuevas expresiones. Una de éstas fue la "**distancia social**". Otra fue "bajar la curva". Las dos están muy relacionadas.

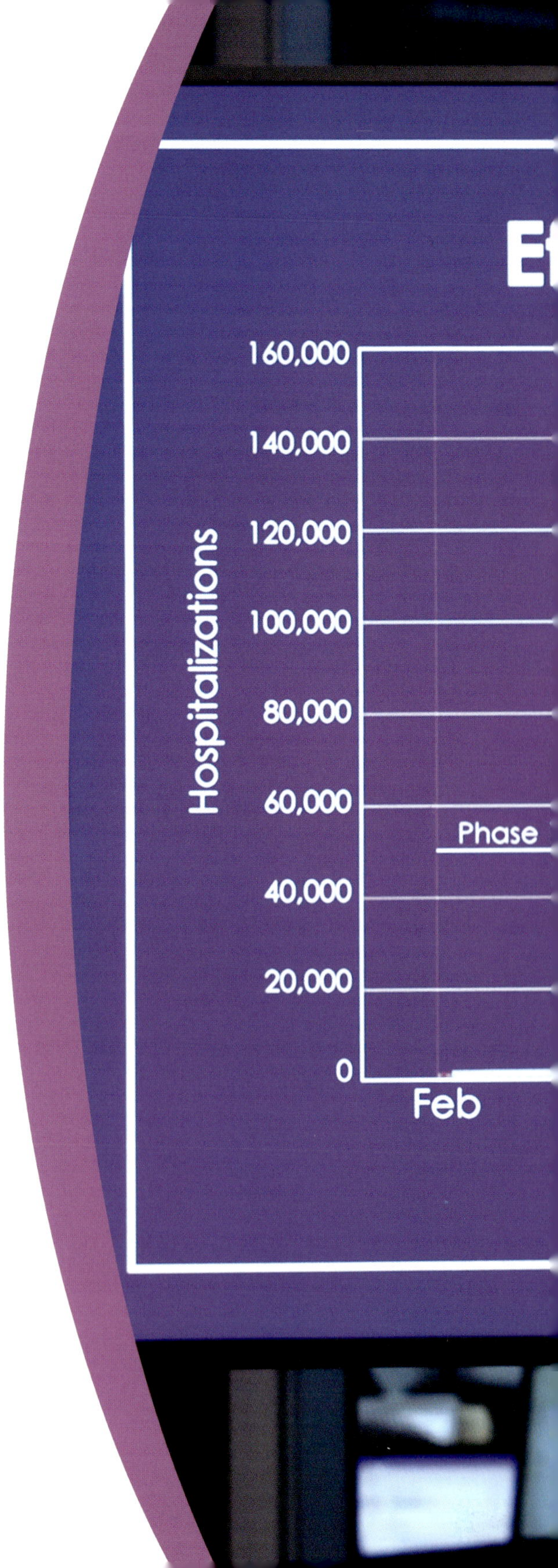

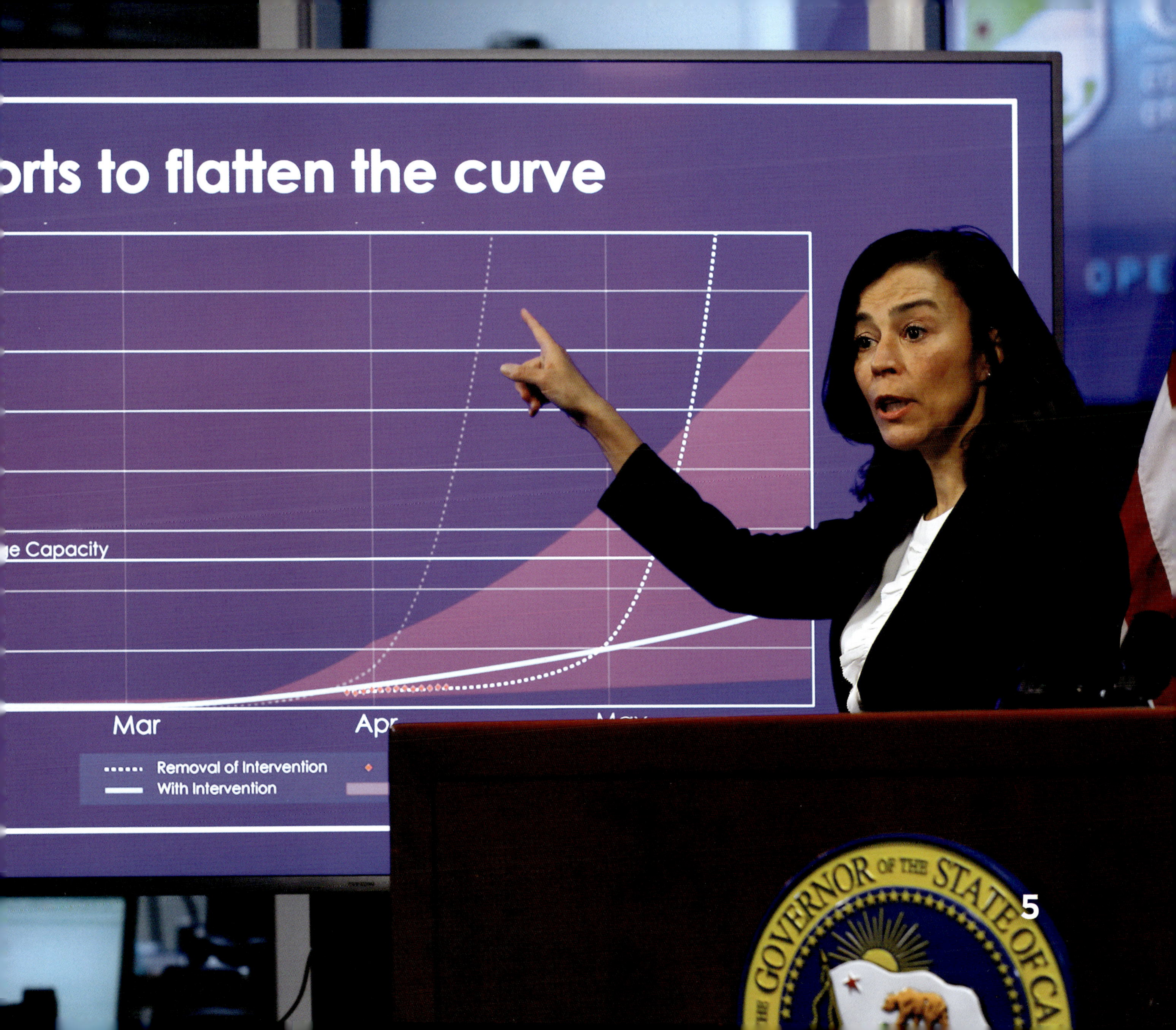
orts to flatten the curve
e Capacity
Mar
Apr
Removal of Intervention
With Intervention
GOVERNOR OF THE STATE OF CA

La **COVID-19** es una enfermedad causada por un **coronavirus** nuevo. La gente no tenía **inmunidad** contra este virus y se propagó muy fácilmente. Mantener una **distancia social** se convirtió en algo muy importante.

7

Cómo bajar la curva de contagios

El respetar la **distancia social** hace que la gente esté lejos unos de otros. Esto hace más difícil que el virus se propague, ya que se transmite de persona a persona.

Cuando el virus no se transmite rápidamente, el número de contagios baja y así baja la curva. La curva es **empinada** si hay muchos contagios al mismo tiempo. La curva baja si el número de gente contagiada se extiende en el tiempo.

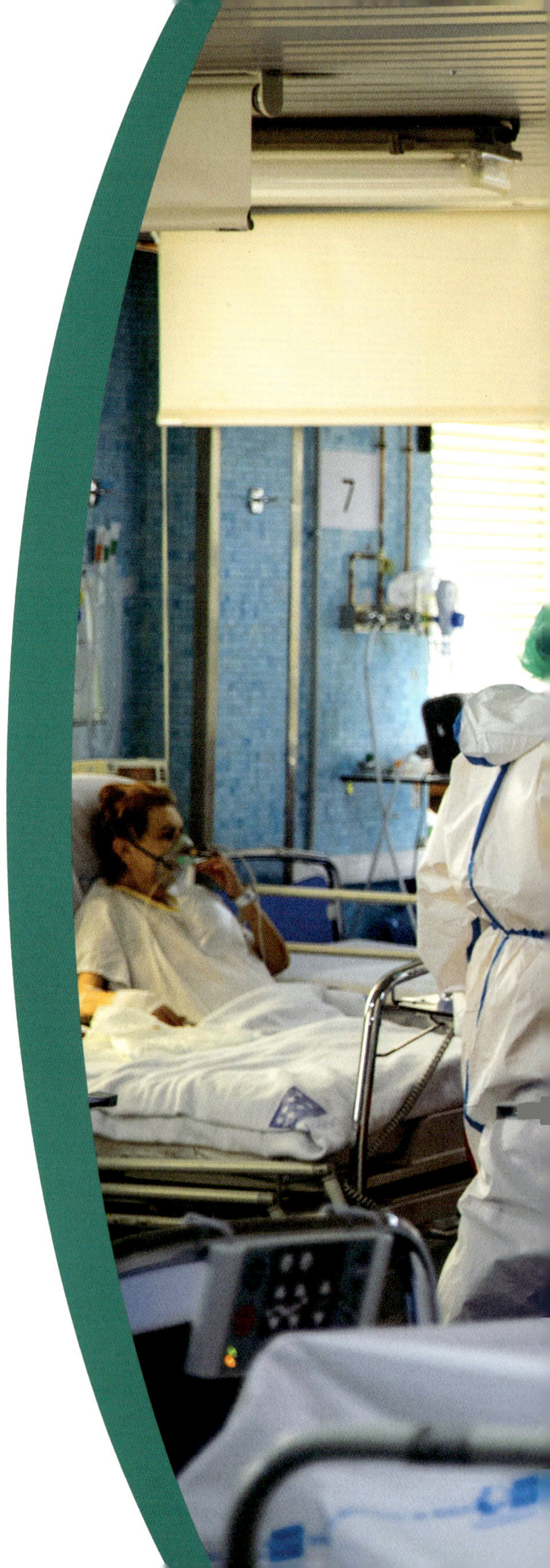

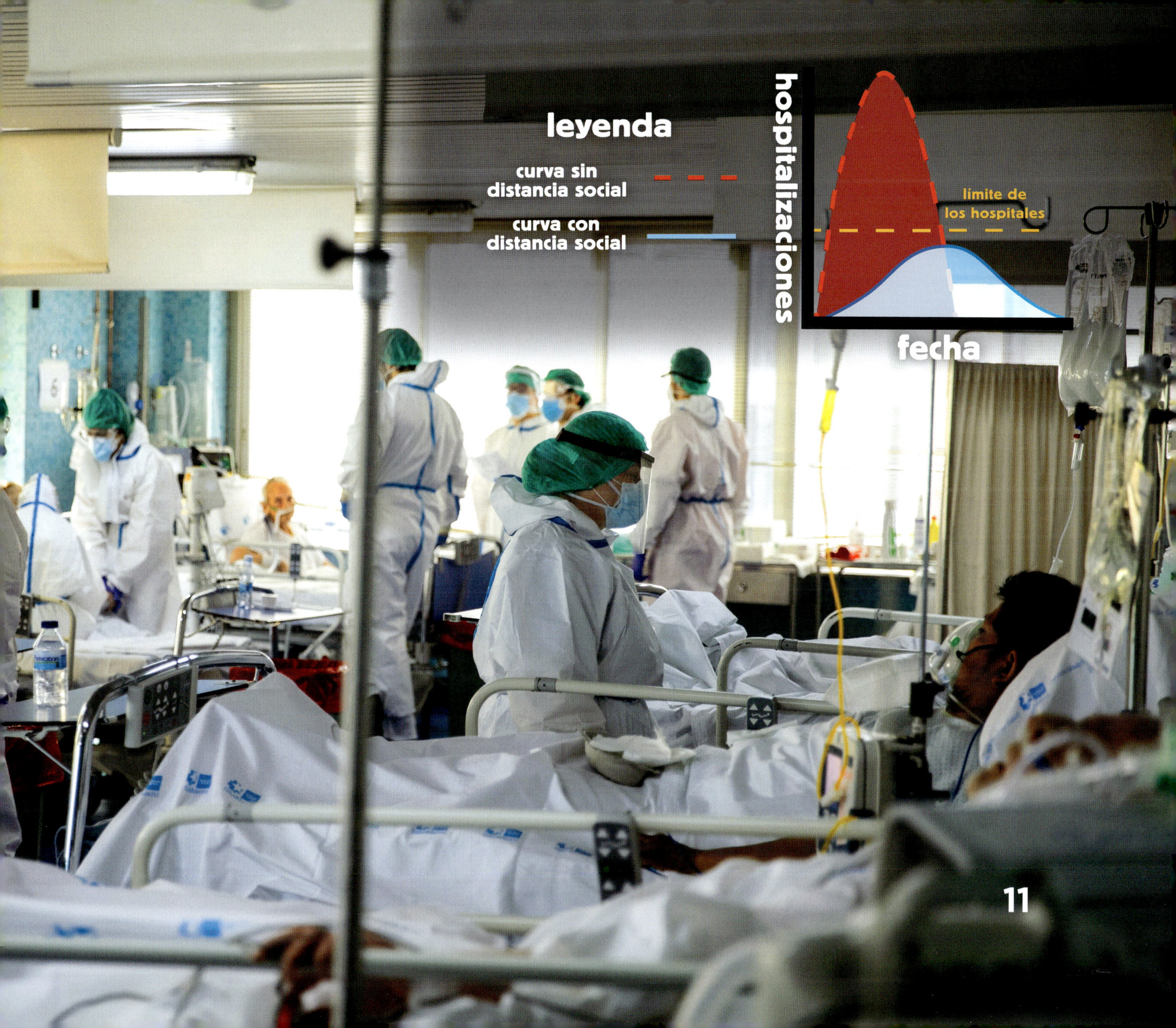
leyenda
curva sin distancia social
curva con distancia social
hospitalizaciones
límite de los hospitales
fecha

Conectados

La **distancia social** es importante, pero nos puede hacer sentir solos. No podemos ver a nuestros amigos ni familiares. Quizá hasta nos perdamos celebraciones especiales como cumpleaños o vacaciones.

Es bueno estar conectados. ¡Hay muchas maneras de conectarse! Una de las formas es organizar videollamadas semanales con gente. Así cada semana hay algo por lo que estar motivado.

Descansar de la tecnología es una buena idea. Pídele a un amigo o a un familiar que se escriba cartas contigo. Toma turnos para escribir y mandar estas cartas por correo.

Algunas personas viven en residencias para mayores. La **distancia social** puede ser aún más difícil para ellos. Podrías hacer dibujos con mensajes alegres y preguntar a un adulto que pueda mandarlos a una de esas residencias.

¡También son divertidos los mensajes y los dibujos con tiza! Si dibujas cosas lindas en la acera o en la calzada, ¡harás sonreír a tus vecinos!

Más información sobre la COVID-19

- COVID-19 es la abreviatura en inglés para la enfermedad del coronavirus 2019.
- La COVID-19 es una enfermedad causada por una cepa del virus SARS-CoV-2.
- SARS-CoV-2 es la abreviatura en inglés para coronavirus del síndrome respiratorio agudo grave de tipo 2.
- Los síntomas más comunes de la COVID-19 son la tos, la fiebre y la dificultad para respirar.

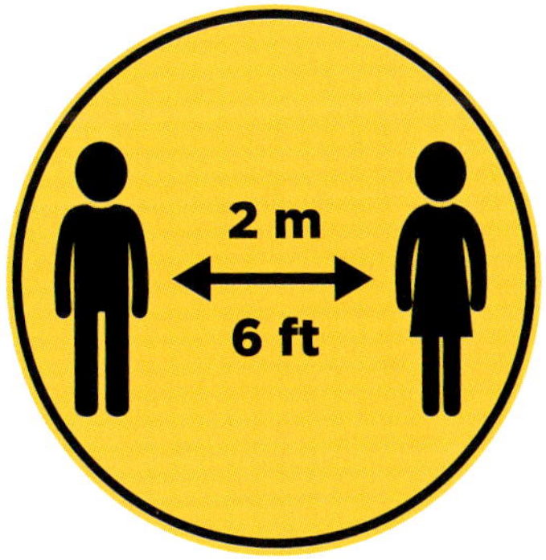

Glosario

coronavirus - virus causante de enfermedades. Causa infecciones en las vías respiratorias en los humanos, como los resfriados comunes o incluso enfermedades mortales.

COVID-19 - abreviatura para la enfermedad del coronavirus 2019, causada por una cepa nueva de coronavirus. Los síntomas más comunes son la fiebre, la tos y la dificultad para respirar. Algunas personas pueden sufrir otros síntomas más serios.

distancia social - práctica que, durante el brote de una enfermedad contagiosa, obliga a mantener una distancia más grande de lo habitual entre personas (por ejemplo, 6 pies o más) para evitar el contacto directo con esas personas y los objetos en lugares públicos.

empinado - que tiene una pendiente o inclinación marcada.

inmunidad - habilidad del cuerpo humano para combatir virus con la acción de los anticuerpos.

Índice